AF349784

MÉMOIRE

ET CONSULTATIONS,

POUR Nicolas Fourson, Maître Tailleur d'habits à Paris, Demandeur.

CONTRE Madame la *Présidente* DE SAINT-VINCENT, *Défenderesse.*

MADAME la Présidente de Saint-Vincent, qui a formé opposition à une Sentence du 14 Janvier 1777, qui la condamne à me payer la somme de cent soixante-trois livres pour la *fourniture d'une paire de culottes*, &c. qu'elle vouloit *donner à M. l'Abbé Coulon*, & que je lui ai en effet livré *par son ordre*, le 4 Septembre 1775, est-elle bien ou mal fondée dans son opposition ? Voilà le seul point à juger.

En se la permettant, quel a donc été le motif de

CHATELET.
DE
PARIS.
PRÉSIDIAL

A

Madame la Préfidente? A-t-elle cherché à s'affran-
chir de fes engagemens envers moi?....

Je ne crains point de l'affurer. Une pareille
entreprife feroit le comble de l'injuftice & du
délire.

Pour en porter la conviction jufqu'à la démonf-
tration, il me fuffiroit du récit des faits ; j'y
joindrai des moyens.

F A I T.

J'ai été mandé au commencement du mois de
Septembre de l'année 1775 , de la part de Madame la Préfidente de Saint - Vincent & par le
fieur du Bois , Commerçant par commiffions à
Paris. Je me fuis rendu fur le champ à fes ordres,
& j'ai eu l'honneur de me préfenter devant elle
en *la Conciergerie du Palais*, où elle étoit *Prifon-
niere*.

Je croyois fermement qu'il s'agiffoit d'habiller
les gens de fa maifon. On m'avoit vanté la haute
naiffance de Madame la Préfidente & l'opulence
de M. le Préfident : & je me réjouiffois intérieu-
rement de la petite fortune qui venoit me cher-
cher.

J'en perdis bientôt jufques à l'idée. La fourniture que Madame la Préfidente vouloit ordonner,
n'étoit rien moins qu'importante. *Elle avoit réfolu
de donner des culottes à M. l'Abbé Coulon , & d'y*

joindre un *habit noir*, de bon drap ; & un *manteau*.

Vouloit - elle donc récompenfer M. l'Abbé
Coulon qui lui avoit été utile, qui lui prêtoit
même encore fa plume, & fur qui rouloit en
grande partie (fous le nom *Goupilleau de Villeneuve*) fa défenfe dans le procès (1) qu'elle a
contre M. le Maréchal Duc de Richelieu ? ou
vouloit - elle feulement fe livrer à un acte de
bienfaifance, voiler la nudité de M. l'Abbé
Coulon ?

Quoi qu'il en foit de fes motifs, dès que Madame la Préfidente m'a eu fait connoître fes
volontés, je les ai exécutées avec célérité. Le 4
du même mois j'ai livré à M. l'Abbé Coulon (2)
*une bonne paire de culottes de ferge minorque, à
quatorze francs l'aune, & bien doublée ;* un habit
avec fa vefte de drap, à *vingt - quatre francs* ,
moëlleux & de bon teint, & un manteau; *le tout*

---

(1) Ce Procès eft un *Procès criminel*, qui a pour bafe, 1°. la
plainte rendue par M. le Maréchal Duc de Richelieu au Châtelet,
le 27 Juillet 1774, contre les *Auteurs, Fauteurs, Complices & Adhé-
rens de la fabrication d'une quantité de Billets au Porteur, dont Madame
la Préfidente avoit négocié quelques-uns comme revêtus de la fignature de
M. le Maréchal Duc de Richelieu, & fur lefquels elle avoit touché, au
mois de Mai précédent, cent vingt mille francs.* 2°. L'information com-
mencée le 8 Août 1774. 3°. Le decret de prife-de-corps lancé par
M. le Lieutenant Criminel, contre Madame la Préfidente, le 15 du
même mois.

(2) A l'*Hôtel garni de la Providence, rue Gift-le-Cœur,* où il étoit
logé.

bien large , *bien complet*, bien folidement & fi pro-
prement établi, qu'il eſt convenu que de *ſa vie il
n'avoit été fi bien habillé.*

Ce n'a point été à la légere qu'il a fait cet aveu.
Il avoit eſſayé tout à ſon aiſe *ces culottes* , &c. & il
en avoit trouvé les proportions géométriquement
comparties.

M. l'Abbé Coulon vêtu & habillé à ſa ſatisfac-
tion , j'ai eu l'honneur de préſenter mon Mémoire (1)
à Madame la Préſidente. Il étoit totaliſé à cent ſoi-
xante trois livres.

Hé! qu'on ne ſe récrie point ſur cette ſomme ;
elle n'eſt point exorbitante. Les fournitures, ſoit en
drap , ſoit en étoffes , ſoit autrement , étoient de la
plus grande ampleure.

Cela n'eſt point étonnant ; M. l'Abbé Coulon
paroît fluet, & il eſt d'une taille fort au-deſſus de
l'ordinaire. Il a cinq pieds & ſept pouces. Ses
cuiſſes, il eſt vrai, ſont minces, mais elles ſont longues : & M. l'Abbé Coulon a bien trouvé dans
les longueurs ce qu'il n'avoit pas acquis dans les
largeurs.

Pour habiller un homme qui a cinq pieds &
ſept pouces , pour couvrir des *cuiſſes longues* ,
quoique *minces* , il faut employer plus d'étoffes
en deſſus & en doublure , que pour tout autre
homme qui ſeroit plus petit & plus gros , &

---

(1) Voyez à la fin de ce Mémoire , la Piéce juſtificative , *n°*. 1.

qui auroit les cuiſſes plus courtes & plus fournies.

Je n'ai rien épargné ; j'ai tout prodigué pour avoir
l'honneur de contenter Madame la Préſidente en M.
l'Abbé Coulon.

La coupe de l'habit & de la veſte étoit ſupé-
rieure. La taille étoit longue, cintrée & élégante
au poſſible. Les fournitures bien diſpoſées, & j'a-
vois ajuſté avec tant d'art & de précautioñ mon
bougrand dedans, que M. l'Abbé Coulon ne pouvoit s'y ſentir gêné. Les coutures répondoient au
reſte, autant par leur ſolidité, que par leur propreté.

Les *culottes* fermoient à pont-levis ; elles ne montoient point trop haut & ne deſcendoient point
trop bas. Elles etoient à large ceinture & à trois
boutons.

En livrant à M. l'Abbé Coulon *ces culottes*, &c.
j'ai eu la fidélité de lui remettre les morceaux
d'étoffe qui reſtoient de la coupe. Ii n'en eſt
rien demeuré en mes mains, *pas même de quoi
emplir l'œil*, & M. l'Abbé Coulon a pu aiſément
en tirer parti pour faire mettre plus d'une fois des
fonds à ſes culottes & des *piéces à ſon habit*. Enfin il
ne s'eſt jamais vu de Tailleur plus honnête homme
que je l'ai été avec Madame la Préſidente en M.
l'Abbé Coulon.

Qui n'eût point imaginé que *ces culottes*, &c.
livrées, j'allois recevoir le payement de mon Mé-

moire? Je le croyois moi-même avec une foi robuste. Si on ne me l'avoit pas expressément promis, au moins me l'avoit-on donné à entendre. D'ailleurs, j'étois bien éloigné d'imaginer qu'un Mémoire de *cette nature* & aussi modique, dût devenir une créance.

Quoi qu'il en soit, déjà Madame la Présidente tenoit dans ses mains le Mémoire que j'avois eu l'honneur de lui présenter. Elle paroissoit le lire avec cet air de satisfaction qui présage les heureux événemens, & à mon tour je croyois démêler dans ses yeux & sur son visage, les signes les moins équivoques d'approbation. Son contentement se manifestoit dans toute sa personne. De légers tressaillemens sembloient mettre en une douce agitation tous ses membres. Son bras droit sur-tout paroissoit plus agité, mais agité de cet instinct que je pensois devoir le conduire à la poche. Déja même Madame la Présidente prenoit sa route, en cette attitude, vers son secrétaire : & moi Fourson, l'heureux Fourson, je préparois mes mains pour recevoir, & appliquois mon esprit à étudier le petit remerciement.

Mais, hélas! à quoi faudra-t-il donc croire désormais?.... Tous ces signes, toutes ces apparences n'étoient que des dehors trompeurs.

Madame la Présidente, après s'être comme rassasiée de la lecture de mon Mémoire, s'être récriée sur la belle façon, le travail des *culottes*,

&c. & fur l'honnêteté des prix, s'être approchée de fon fecrétaire, & l'avoir ouvert ; .... au lieu d'en tirer l'argent que j'attendois, Madame la Préfidente, dis-je, prit froidement une plume, la plongea de même dans un cornet, écrivit au bas du Mémoire ces mots, *vu le compte arrêté ci-deffus*, figna *Vence de Saint-Vincent*, me préfenta mon Mémoire ainfi arrêté, & m'affura qu'il feroit inceffamment payé ; parce que *fon Procès, avec* M. *le Maréchal de Richelieu, alloit être inceffam-ment jugé ;* parce que M. *le Maréchal devoit être condamné envers elle, en de gros dommages & in-térêts.*

Pour me donner enfuite l'opinion du mérite de M. l'Abbé Coulon, qu'elle en avoit elle-même, Madame la Préfidente *voulut me gratifier du cadeau d'un exemplaire de chacun des imprimés* que cet Abbé a compofé pour elle contre M. le Maréchal de Richelieu.

Etonné, *comme un Fondeur de cloches,* de tout ce qui fe paffoit, je me trouvois hors d'état de prendre un parti. Rirois-je ? me fâcherois-je ? que dirois-je ? que ferois-je ? *Irois-je reprendre les culottes, &c. chez M. l'Abbé Coulon, & les emporterois-je ?* ou plutôt les laifferois-je ?....

Pendant que je roulois & repaffois dans ma tête toutes ces différentes idées, Madame la Préfidente ne crut pas devoir me laiffer le loifir de me fixer à aucunes. Elle emplit (fur le champ & fans plus de façon) mes poches d'*Observations sommaires*, de *Réfumé général*, de *Requêtes à Nosseigneurs de Parlement*, &c. tous ouvrages fortis de la plume de M. l'Abbé Coulon. Elle me dit beaucoup de mal de M. le Maréchal de Richelieu. Elle m'affura qu'il étoit vrai qu'*elle avoit couché* (1) *avec lui*, mais qu'il étoit faux qu'*il lui eût fait un enfant* (2), qu'*il perdroit fon Procès ;* qu'il feroit condamné à lui donner beaucoup d'argent , & que je ferois payé tout le premièr fur cet argent.

Cela fait & dit, Madame la Préfidente appliqua légérement fur ma joue gauche, un joli petit foufflet. Elle me dit, on ne peut pas plus agréablement, adieu. Elle me tourna le dos , & alla reprendre fa converfation avec fa compagnie.

Obligé , contraint en dépit de moi - même, de laiffer *les culottes* , *&c. à M. l'Abbé Coulon* , de me contenter de *fes œuvres imprimées & de l'arrêté de Madame la Préfidente* , & , qui pis eft, de rire malgré que j'en eus ; je tirai humblement ma révérence à Madame la Préfidente , & regagnai mon manoir , tout en enrageant & donnant de grand cœur au diable *les Abbés qui avoient befoin de culottes* , *&c. & les femmes qui leur en donnoient fans les payer* , toujours étonné , toujours admirant ce

---

(1) Elle l'avoit déja dit dans fa réponfe au dix-neuvieme interrogat du fecond interrogatoire qu'elle a fubi au Châtelet.

(2) *Ibid.* Réponfe au trente-quatrieme interrogat.

que

que j'avois vu, & toujours en perplexité de ce que je ferois; fi je me plaindrois, ou fi j'attendrois avec réfignation l'événement du procès de Madame la Préfidente.

Je ne penfe pas que l'on révoque en doute la réalité de ces fournitures. S'il pouvoit naître dans l'ame de qui que ce foit la plus légere incertitude à cet égard ; indépendamment de l'arrêté de Madame la Préfidente, qui fe trouve au bas du Mémoire, la garderobe de M. l'Abbé Coulon viendroit à mon fecours pour l'établir irréfifti-blement.

On le rencontra il y a peu de jours. Il avoit encore *au derriere* les culottes, & fur *les épaules* le manteau, &c. que je lui ai livré le 4 Septembre 1775.

Cela ne furprend point ceux qui ont l'honneur de le connoître. Ils favent qu'il eft fort propre dans fes habits, & qu'il fe garde bien de laiffer fes manteaux dans les mains de ceux à qui il peut les donner à garder.

Le mois de Mars eft arrivé en 1776, & averti que le procès de Madame la Préfidente recevroit fa décifion dans tout fon courant, je me fuis pré-fenté plufieurs fois à la Conciergerie. Je voulois apprendre d'elle-même, fi elle perfiftoit dans fon premier mot, & fi elle me payeroit *les culottes, &c. de M. l'Abbé Coulon*, fur le premier argent qu'elle recevroit de M. le Maréchal.

Quelquefois j'ai été renvoyé avec affignation

de mon payement sur les dommages & intérêts. D'autres fois, il m'a été impoſſible de pénétrer juſqu'à
elle, elle étoit, me diſoit-on, enfermée avec M.
l'Abbé Coulon pour affaires très-importantes, &
elle avoit, me diſoit-on encore, défendu qu'on les
interrompît.

Enfin, un Arrêt du Parlement a été rendu ſur
ce fameux procès le 29 Mars 1776. Il a ordonné
entr'autres choſes, que Madame la Préſidente ſeroit *relaxée des priſons.*

Mais il a reculé mes eſpérances ; car il n'a
prononcé qu'un interlocutoire ſur le fond du
procès.

Ainſi reculé & mécontent, je croyois Madame
la Préſidente dénuée & ſans un écu, & j'avois
pris la détermination d'attendre, avec patience,
la fin de ſon procès. Si quelquefois je la ſentois,
cette patience prête à m'échapper ; je reliſois
auſſi-tôt les imprimés de M. l'Abbé Coulon, ces
*Obſervations ſommaires, réſumé général, requête à
Noſſeigneurs de Parlement,* &c. & le courage renaiſ-
ſoit ſubitement en moi.

J'en étois encore là au mois de Novembre 1776,
lorſqu'un exemplaire imprimé des interrogatoires
ſubis en cette Cour par Madame la Préſidente,
tomba en mes maains. Je l'ouvris avec vivacité ;
& le lus avec avidité, tout gros du deſir de connoître par moi-même *le mot* d'une affaire qui avoit
juſqu'alors partagé les opinions, & d'ailleurs de
m'inſtruire, puiſque j'en trouvois une occaſion

auſſi favorable, de quelle ſolidité pouvoit être l'aſſiette que Madame la Préſidente m'avoit donnée du payement *des culottes, &c. de M. l'Abbé Coulon.*

La lecture de ces interrogatoires m'apprit que l'*Imprimé* de M. le Maréchal *étoit de beaucoup ſupérieur à ceux* de M. l'Abbé Coulon, dont Madame la Préſidente avoit empli mes poches. Mais elle fit naître en moi des idées bien différentes de celles que Madame la Préſidente m'avoit données de ſon procès.

Je fus rempli d'indignation contre elle, *ſoit* à cauſe que, d'après cette phraſe (qu'on lit dans le 58 interrogat du ſecond de ſes interrogatoires, & dans lequel elle a articulé avoir dit à M. le Maréchal les 15 ou 25 Avril 1773) *mon couſin, je n'ai pas le ſou, je ſuis pauvre comme une miſérable; je ne puis pas emprunter, parce que je ſuis en puiſſance de mari; donnez-moi quelque choſe pour que je puiſſe emprunter avec aſſurance de rendre;* elle avoit eu la hardieſſe de me demander crédit des *culottes, &c. de M. l'Abbé Coulon;* ſoit à cauſe de ce qu'ayant *reçu depuis le mois de Mai 1774,* ſur les Billets dont elle attribue la ſignature à M. le Maréchal de Richelieu, au *moins cent vingt mille francs;* & ayant par conſéquent beaucoup d'argent dans ſon coffre, elle avoit eu l'inhumanité de me faire attendre ſi long-temps; aſſez peu de délicateſſe pour ne pas finir l'affaire de ces culottes, & point aſſez de jugement pour comprendre que quand une femme de ſa qualité a *donné des culottes, &c. à un Abbé*, elle doit être affez prudente pour retirer des mains du Tailleur, qu'elle a chargé de les fournir, le Mémoire de cette fourniture, à l'inftant même qu'il le préfente.

Dès-lors je me crus convaincu que Madame la Préfidente manquoit de bonne foi & de délicateffe. Dès-lors je ne regardai plus ces *Obfervations fommaires, réfumé général, & requêtes à Noffeigneurs de Parlement*; en un mot, tous les *imprimés* de M. l'Abbé Coulon, nés & à naître, que comme des écrits de pure complaifance, qui devoient le jour, fans doute, à des fentimens plus vifs; que comme des papiers pleins de menfonges, & plus propres à faire *des patrons & des mefures d'habits*, qu'à fixer l'attention des Magiftrats & du public.

En conféquence, je pris le parti de me pourvoir, & de faire condamner Madame la Préfidente à me *payer les culottes, &c.* qu'elle avoit données à M. l'Abbé Coulon.

J'ai donc fait contrôler l'arrêté de mon Mémoire le 3 Décembre 1776, & j'ai eu enfuite l'honneur de préfenter ma requête à M. le Lieutenant Civil.

Je lui ai demandé la permiffion de faire affigner Madame la Préfidente; fur *le provifoire*, à trois jours, & fur *le fond* dans les délais de l'Ordonnance : fur *le provifoire*, en reconnoiffance de fes écriture & fignature qui forment l'arrêté du

Mémoire, & fur *le fond* à fin de *condamnation à me payer* la fomme de cent foixante-trois livres, pour les *culottes que j'ai fournies à* M. *l'abbé Coulon par fon ordre.*

J'ai obtenu cette permiffion le 4. Le même jour Madame la Préfidente a été affignée, & elle a reçu avec l'affignation, copie du Mémoire & de l'arrêté qu'elle avoit figné au bas.

Sur le provifoire, Madame la Préfidente n'a point ofé dénier la vérité de fes écriture & fignature. Elle les a, au contraire, reconnues pour fiennes par un filence qui, dans les circonftances, eft plus éloquent que toutes les reconnoiffances écrites; enforte que le mardi 10, il a été prononcé une Sentence, qui *a tenu pour reconnu l'arrêté de Madame la Préfidente.*

Sur le fond, elle a conftitué Procureur le 31; mais *à la charge que je lui donnerois nouvelle copie, écrite & lifible, des Requête & exploit du quatre.*

J'ai fatisfait à ces exceptions. J'ai donné une nouvelle copie, & j'attendois les *défenfes* de Madame la Préfidente. Mais le 9 Janvier 1777, au lieu de défenfes, j'ai reçu de *nouvelles exceptions.*

Madame la Préfidente a requis contre le texte littéral & précis de l'Art. 1 du Tit. 9 de l'Ordonnance de 1667, « qu'avant de défendre, je
» lui donnaſſ communication par la voie du Greffe,
» & avec déplacement des mémoire & arrêté énon-
» cés en ma demande, *parce que,* a-t-elle dit, il

» *ne lui en avoit été donné aucune copie en tête de*
» *l'exploit.*

Cette exception n'étoit qu'une misérable chicane; mais de plus, elle n'étoit fondée que sur une supposition contredite par les piéces; ainsi elle ne devoit point m'arrêter.

Aussi ai-je conclu à la fin de non-recevoir, ou, en tout cas, au débouté, & ai-je traduit Madame la Présidente à l'audience du mardi 14.

Ce jour, Sentence est intervenue, qui, sans s'arrêter aux exceptions de Madame la Présidente, l'*a condamnée à me payer les culottes, &c. de M. l'Abbé Coulon.*

Madame la Présidente a formé opposition à cette Sentence, (1) & je l'y soutiens non recevable.

Le point de la difficulté n'est point, comme on le voit, de savoir si Madame la Présidente a bien ou mal fait de donner des culottes, &c. à M. l'Abbé Coulon qui en avoit grand besoin, & lui rendoit journellement, suivant ce qu'elle m'a dit, des services essentiels. On a lieu de croire qu'à cet égard, le besoin & la nécessité des rapprochemens, la contemplation des services rendus,

---

(1) Cette *opposition* n'a eu d'autre but que de mettre des entraves à la saisie-exécution des meubles. Elle est la réponse à un commandement. Ses causes font que Madame *la Présidente est en puissance de mari, n'a rien, & paiera à la fin de son procès avec M. de Richelieu.* Voyez-la aux Pieces justificatives, n°. 2.

& de ceux à rendre, juſtifient d'une maniere ſuffi-
ſante le don de Madame la Préſidente.

Il s'agit ſeulement de décider ſi Madame la
Préſidente eſt bien ou mal fondée dans l'oppoſition qu'elle a formée à la Sentence du 24 Janvier
1777, & par conſéquent, 1°. *ſi elle doit ou ne
doit pas me payer les culottes, &c. de M. l'Abbé
Coulon. 2°. Si je ſuis ou ne ſuis pas obligé d'attendre la fin du procès de Madame la Préſidente avec
M. le Maréchal de Richelieu.*

Je ſoutiens *l'affirmative* de la premiere propoſition, & la *négative* de la ſeconde, & je vais me
livrer à leurs preuves. Les Magiſtrats jugeront ſi
j'ai bien ou mal fait de les mettre en avant.

MOYENS.

PREMIERE PROPOSITION.

*Madame la Préſidente doit-elle ou ne doit-elle pas me
payer les culottes, &c. que j'ai livrées le 4 Septembre 1775, à M. l'Abbé Coulon?*

Cette propoſition ne devroit pas, ce ſemble,
être miſe en queſtion.

Car ſi j'ai fait des *culottes*, &c. ſi j'ai livré ces
culottes, &c. à M. l'Abbé Coulon, le 4 Septembre
1775, je ne l'ai fait que par les ordres de Madame
la Préſidente, que dans l'eſpoir, que ſous confiance
d'en être payé.

Non-seulement je n'ai livré ces culottes, &c. à M. l'Abbé Coulon, que par l'ordre de Madame la Présidente, que sous la foi d'en être payé ; mais encore, je n'ai livré que de bonnes marchandises, que de bonnes marchandises bien employées.

Madame la Présidente, M. l'Abbé Coulon n'y ont rien trouvé de repréhensible ; & dans la vérité mon mémoire est fait en conscience.

L'habit & la veste étoient bien larges & bien complets ; les compartimens en étoient géométriques ; la coupe supérieure & faisant merveilleusement valoir la taille de M. l'Abbé ; les coutures réunissoient tout à la fois le mérite de la propreté & celui de la solidité. Enfin, comptera-t-on pour rien les soins que je me suis donné, en ajustant avec adresse & précaution mon bougrand dedans, pour que M. l'Abbé Coulon ne fût pas incommodé ?

A l'égard du drap, je ne crains point d'être démenti. Jamais je n'en avois employé d'aussi moëlleux, d'aussi bon, d'aussi beau, & d'aussi parfaitement noir.

Les culottes descendoient & montoient sur M. l'Abbé Coulon, elles l'emboîtoient aussi convenablement & aussi parfaitement qu'il le falloit, pour que ses cuisses fussent apperçues avec moins de désavantage, & que lui-même parût décent. Pont-levis bien exact. Suffisante ampleur. Doublure d'une résistance à user trois culottes, & d'une peau bien douce. Ceinture large & à trois boutons.

boutons. Quatre grandes poches, dont deux de chaque côté, & un gouffet pour la montre. De fa vie, *M. l'Abbé Coulon n'avoit été fi bien habillé.*

Que pouvois-je faire de plus ? Qu'eût pu faire de mieux le Tailleur le plus renommé, le Tailleur du Roi ?

Ces culottes fervent encore actuellement à M. l'Abbé Coulon; hé ! quel profit ne lui ont-elles pas fait depuis le 4 Septembre 1775 ? Ce font elles qui l'ont mis en état de fe répandre honnêtement dans le monde, de voir Madame la Préfidente à la Conciergerie avant qu'elle fût relaxée, & fes Juges avec elle depuis fon relaxe. En a-t-il même d'autres actuellement qu'il la voit journellement ?

Sans elles il n'eût jamais contribué auffi efficacement à la défenfe de Madame la Préfidente. Pouvoit-il donc, montrant à crud fa trifte nudité, aller diftribuer aux Juges, & laiffer de porte en porte ces imprimés, dont Madame la Préfidente avoit empli mes poches, & dont la lecture a dû paroître fi agréable & aux ennemis de M. le Maréchal de Richelieu, & aux créanciers de Madame la Préfidente ?

Mais il eft inutile d'entrer dans un plus grand détail. M. l'Abbé Coulon, Madame la Préfidente ont rendu hommage à toutes ces vérités. M. *l'Abbé Coulon,* lorfqu'il a reçu, lorfqu'il s'eft vêtu, lorfqu'il s'eft fait de ces culottes, &c. un rampart contre le befoin, contre les rigueurs de la faifon dans laquelle on alloit entrer ; lorſqu'il en a remercié Madame la Préſidente. *Madame la Préſidente* en démontrant combien, de ſon côté, elle étoit contente de voir ſon Ecrivain habillé & ſi bien habillé de ſes livrées, & en arrêtant mon mémoire.

J'interromps ici le récit de mes moyens, & je conclus de tout ce que je viens de dire, qu'ayant fourni à M. l'Abbé Coulon, par ordre de Madame la Préſidente, des *culottes*, &c. le tout bien conditionné, j'ai rempli exactement les engagemens que j'avois contractés avec elle, d'habiller cet Abbé ; que Madame la Préſidente étant convenue avec moi de me payer les culottes, &c. que je devois fournir à M. l'Abbé Coulon, rien ne peut, rien ne doit la ſouſtraire à l'exécution de ſes engagemens, dès que j'ai en effet livré *ces culottes, &c.* à M. l'Abbé Coulon le 4 Septembre 1775.

Elle le doit d'autant plus, qu'elle eſt moins dans le beſoin, qu'elle a plus d'argent. C'eſt une vérité conſtante, dans ſon procès criminel, qu'elle a reçu au mois de Mai de l'année 1774, ſur les billets qu'elle a attribués à M. le Maréchal de Richelieu & avant la livraiſon des culottes de M. l'Abbé Coulon, une *ſomme de cent vingt mille francs.* Or, avec une pareille ſomme on n'eſt pas pauvre.

Les Loix divines & humaines, l'ordre qu'elle m'a donné, ſon propre écrit, qui en eſt un aveu poſitif ; la décence, la pudeur même, tout en faisoit une loi à Madame la Présidente.

Inutile d'énumerer ici ces Loix divines & humaines qui ont trait à la nécessité du payement *des culottes, &c. de M. l'Abbé Coulon*: elles sont assez connues.

Madame la Présidente doit donc me payer les culottes, &c. que j'ai livrées, par son ordre, à M. l'Abbé Coulon.

Il n'est aucun pays du monde, où les Juges ne le décidassent ainsi. En *Latin*, en *Grec*, en *Hébreu*, en *Chaldéen*, en *Syriaque*, en *Arabe*; en un mot, dans toutes les Langues mortes & vivantes, Madame la Présidente seroit condamnée à me *payer les culottes de M. l'Abbé Coulon*.

Se trouve-t-elle dans l'impuissance de le faire, ce qui n'est pas présumable avec les cent vingt mille francs qu'elle a dans ses coffres !.... *hé bien, qu'elle dise à M. l'Abbé Coulon de me rendre ces culottes, &c.* je les vendrai à *la Friperie* ce que je pourrai, & m'en aiderai.

Par conséquent la Sentence du 14 Janvier 1777, qui a prononcé cette condamnation *en François*, a bien jugé.

Par conséquent l'opposition que Madame la Présidente a formée à cette Sentence, est mal fondée.

Par conséquent Madame la Présidente doit en être déboutée.

SECONDE PROPOSITION.

Suis-je, ou ne suis-je pas obligé d'attendre la fin du procès de Madame la Préfidente avec M. le Maréchal de Richelieu ?

Je foutiens que non. En effet, 1°. l'inftant du Jugement du procès avec M. le Maréchal de Richelieu eft encore incertain. 2°. Il me paroît encore plus incertain que Madame la Préfidente obtienne jamais des dommages & intérêts, qu'elle ait même le plus léger fuccès contre M. le Maréchal de Richelieu.

Mon articulation n'eft point celle d'un créancier de mauvaife humeur, de ce qu'il n'a pu obtenir fon payement. Madame la Préfidente me *payeroit actuellement les culottes, &c. de M. l'Abbé Coulon,* que je n'en ferois pas moins ferme dans mon opinion.

Ce que je penfe & ce que je dis, je l'ai lu dans les *réponfes* de Madame la Préfidente aux *interrogatoires* qu'elle a fubis au Châtelet. Ainfi je ne pourrois être taxé, fans injuftice, foit de partialité, foit de prévention.

Une légere réflexion doit fuffire d'ailleurs pour convaincre que je parle & que je penfe fans paf-fion. *D'un côté,* je ne fuis point le Tailleur de M. le Maréchal de Richelieu, ni d'aucuns de fes parens. *D'un autre côté*, j'ai eu l'honneur d'être celui de Madame la Préfidente dans la perfonne de M. l'Abbé Coulon. C'eft même fur les dommages & intérêts qu'elle attend de M. le Maréchal, qu'elle a affis tout l'efpoir de mon payement.

Comment pourroit-il donc raifonnablement entrer dans la tête de qui que ce fût de me fufpecter? L'intérêt que j'ai au gain du procès de Madame la Préfidente, mon défaut de tout rapport quelconque avec M. le Maréchal, doivent me mettre au-deffus de tout foupçon.

Cela pofé, je prends la liberté de raifonner avec Madame la Préfidente, non que je veuille en rien m'écarter du refpect que je lui dois, mais comme fon créancier, obligé de veiller à la confervation & au recouvrement de ma créance; mais comme devant fuivre l'hypotheque qu'elle m'a elle-même affignée pour fûreté du payement des culottes de M. l'Abbé Coulon.

Je la prie de me dire où elle a puifé cette affurance, avec laquelle elle m'a annoncé des fuccès contre M. le Maréchal de Richelieu? Si c'eft ou fi ce n'eft point dans les interrogatoires qu'elle a fubis? Si c'eft dans ces interrogatoires, en quel endroit? En un mot, fur quoi elle fe fonde?

Seroit-ce fur ce que fes réponfes aux mêmes interrogatoires, *ne préfentent que les variations* [*] *les moins interrompues* de fa part fur les points les plus effentiels, & les *contradictions les plus frappantes*

[*] Int. 7, 8, 27, 28. 29, 32, 33 & 34, &c. du 1. interrogatoire.

avec elle même & avec ſes co-accuſés ?

Seroit-ce ſur ce que , ſerrée de près & embarraſſée par la force du raiſonnement du Magiſtrat qui l'interrogeoit ; *elle déceloit à chaque inſtant le trouble & l'agitation de ſa conſcience par ſes refus* * *réitérés de répondre ?*

* Int. 70 , 105,148 du 2. interrogat.

* Int. 4 du 1. interrogat. p. 10.

Seroit-ce ſur ce *qu'elle a avoué* * *qu'elle avoit tort avec M. le Maréchal , & que pour réparer ces torts , elle lui avoit fait offrir & même offert par ſes lettres , de lui rendre les billets & de payer ceux de Ruby ?*

* Int. 113 du 2. interrog.

Seroit-ce ſur ce qu'elle a articulé * avoir reçu de M. le Maréchal, *en Février ou Mars 1774 , des billets qui portoient une date poſtérieure à ces deux mois ?*

* Int. 57 , 115 , 118 du 2. interrog.

Seroit-ce ſur ce qu'il *a été fabriqué* * *à ſon inſtigation ſur les deux mandats de cent mille écus , l'acceptation Peixotto , d'après* quoi elle cherchoit à emprunter 25000 liv. ?

* Int. 147 du 2. interrog.

Seroit-ce ſur ce qu'*elle* * *a contrefait ou fait contrefaire* nombre de lettres qu'elle prétendoit avoir reçues , 1°. de Peixotto, avec qui elle eſt convenue depuis n'*avoir point été en relation ;* 2°. de M. le Maréchal , qui ne lui avoit pas plus écrit que Peixotto ?

Seroit-ce ſur ce que , au lieu de répondre cathégoriquement à certaines queſtions du Magiſtrat qui l'interrogeoit ſur certaines pieces qu'il lui repréſentoit ; elle ne diſoit autre choſe à chacun de ſes points, ſinon *que c'étoit* * *une menterie de ſa* *p..r ?* [* Int. 146 du 2. interrog.]

Seroit-ce ſur ce que d'après ſes réponſes aux interrogatoires, tout ce qu'*elle* * *a dit, écrit & fait depuis la manœuvre des billets, ſe trouve être de toute fauſſeté ?* [* Ibid.]

Seroit-ce ſur ce qu'elle eſt convaincue par ſa propre confeſſion d'avoir écrit *, 1°. à M. le Ma-réchal ; 2°. au ſieur de Vedel de Montel, & à chacun d'eux ſéparément, *que l'enfant qu'elle ren-fermoit dans ſes entrailles, étoit le fruit des œuvres de chacun d'eux ?* [* Int. 25 & 33 du 2. inter,]

Seroit-ce ſur ce que (pour juſtifier ſa conduite au Magiſtrat qui l'interrogeoit, & ſuccombant ſous le poids des preuves géminées) elle a dit * qu'elle avoit écrit ces folies (de l'enfant) 1°. au ſieur Vedel, *pour ſe rendre intéreſſante, & s'en faire aimer* ; 2°. à M. le Maréchal, *pour avoir de l'ar-gent ?* [* Int. 34 du 2. interrog.]

Seroit-ce enfin ſur ce que, pour répondre le 16 Juillet 1774 *, à la lettre que M. le Maréchal lui avoit écrite le 12 du même mois, & dont voici les termes : « *J'apprends avec étonnement, ma chere* » *couſine, qu'il ſe négocie pour* 200000 *liv. de bil-* » *lets ſignés de moi : ce qui m'étonne davantage, c'eſt* » *qu'on m'a dit que vous étiez mêlée là-dedans, ce que* » *je ne puis croire. Je vous prie d'écouter avec bonté* » *le ſieur Marion, mon Intendant, qui vous remettra* » *cette lettre, &* l'aider à démêler le fil de cette [* Int. 48 du 1. interrog.]

» friponnerie, *que vous avez autant d'intérêt que*
» *moi à ne pas laisser impunie* ; elle lui a écrit ce
» que voici : *mon cher cousin, je réponds vîte à*
» *votre lettre, qui m'a causé autant d'étonnement*
» *qu'à vous.... la nouvelle de ces billets & le nom de*
» *Madame de Saint-Vincent, qu'on dit être mêlé*
» *dedans, & que j'ignorois parfaitement.*

» J'envoie cette lettre à M. Marion par une
» personne qui pourra l'aider à découvrir quelque
» chose ; *& j'embrasse mon cher cousin* ; écrivez-moi
» ce que vous apprendrez, *& aimez-moi toujours* ;
» *car je suis bien fâchée contre ceux qui me nomment*
» *sans me connoître* ».

Si c'est dans ces réponses que Madame la Présidente prétend trouver sa justification ; si ce sont
là les moyens avec lesquels elle est résolue d'at-
ténuer le crime dont elle est prévenue , & d'ap-
puyer sa demande en dommages & intérêts ; je
suis trop vrai...... Incapable de feindre , je dé-
clare que je ne veux plus jouer à une pareille lot-
terie. L'assiette du payement *des culottes, &c. de M.*
l'Abbé Coulon auroit un fondement trop frêle , & j'ai
résolu de ne pas y mettre désormais plus de confiance que M. le Maréchal de Richelieu n'en devoit
apporter à la *paternité* dont Madame la Présidente
de Saint-Vincent *l'entretenoit par écrit pour avoir son*
argent. C'est le *pot au lait* , ou plutôt *la peau de*
l'ours. Dorénavant je n'entendrai plus à qui voudra
me *la vendre, qui ne l'ait mis par terre.*

D'où

D'où je conclus que je n'étois pas obligé, depuis que j'ai connu & lu les interrogatoires de Madame la Préſidente , de conſentir à remettre , après le Jugement de ſon procès avec M. le Maréchal de Richelieu , mon payement des culottes , &c. de M. l'Abbé Coulon.

La Sentence du 14 Janvier 1777 , qui a condamné Madame la Préſidente à me payer ces culottes , &c. a donc bien jugé. L'oppoſition qu'elle y a formée eſt donc deſtituée de tous moyens raiſonnables & honnêtes.

Madame la Préſidente doit donc en être déboutée.

Je n'ajouterai rien à ce que j'ai dit. *Je l'eſtime* clair & cathégorique.

Mais je le demande à mon Conſeil : eſt-il victorieux ? Suffit-il à ma défenſe ? En embraſſe-t-il exactement toutes les parties ?

Signé , NICOLAS FOURSON.

PIECES JUSTIFICATIVES.

Mémoire pour Madame de Saint-Vincent, fait par Fourſon, Maitre Tailleur à Paris, le 4 Septembre 1775, & livré à M. l'Abbé Coulon.

Une aune & trois quarts de drap noir, à 24 liv. ci	42 liv.
Quatre aunes de croiſé pour doubler l'habit & veſte, à 6 liv. 10 ſ. ci	26
Trois aunes de demi-raz noir, à 2 liv. ci . .	6
Deux aunes & demie de *ſerge minorque*, à 14 liv. ci	35
Doublure de *culottes* & *poches*, ci	4
Façon d'habit, veſte & *culottes*, ci	15
Pour le manteau & façon & fourniture, . .	35
	163 liv.

Vu le compte arrêté ci-deſſus. Signé, *Vence de Saint-Vincent.*

Contrôlé à Paris le 3 Décembre 1776, reçu 28 ſols. *Signé,* BOITEUX.

L'an mil ſept cent ſoixante-dix-ſept, le vingt-ſept jour de Janvier, en vertu d'une Sentence rendue au Châtelet de Paris le 14 Janvier, préſent mois, duement collationnée, ſignée, ſcellée & ſignifiée, & à la requête du ſieur *Nicolas Fourſon*, Maître & Marchand Tailleur d'habits, à Paris, y demeurant rue Galande, Paroiſſe Saint Severin, pour lequel domicile eſt élu en la maiſon de Me Prévôt, Procureur au

Châtelet de Paris, sise rue & Paroisse Saint Severin ; j'ai
Nicolas-François Cinget, Huissier à verge au Châtelet de
Paris, y demeurant rue Macon, Paroisse Saint Severin,
soussigné, fait *commandement*, de par le Roi & justice à Dame
Julie de Villeneuve Vence, épouse de Messire *Jules* Fauris de
Saint-Vincent, Président à Mortier du Parlement d'Aix,
demeurante à Paris rue de Sorbonne, en son domicile, *en
parlant à sa personne*, de présentement & sans délai payer audit
sieur Fourson, ou à moi Huissier, pour lui Porteur de pieces,
la somme de cent soixante-trois livres de principal, en quoi
ladite Dame Présidente a été condamnée envers ledit sieur
Fourson, par la Sentence susdatée, pour les causes y portées,
sans préjudice des intérêts & frais, dépens & mises d'exécution ; laquelle dite Dame Présidente de Saint-Vincent, parlant
comme dessus, a dit & fait réponse, qu'*elle s'oppose à l'exécution de ladite Sentence, qu'elle est en puissance de mari, n'a
rien ; mais qu'elle payera à la fin de son procès avec M. de Richelieu*, & a signé Vence de Saint-Vincent. Contre laquelle
réponse j'ai fait toutes protestations de droit pour ma partie,
& de faire statuer sur ladite opposition. Dont acte, duquel j'ai,
à ladite Dame de Saint-Vincent, en parlant que dit est, laissé
copie du présent. *Signé*, CINGET.

Contrôlé à Paris, le 27 Janvier 1777, reçu 11 s. 3. d.

Signé, BUJON *fils*, *pour* BOUVET.

L E Conseil souffigné, qui a lu le Mémoire ci-deffus & les Pieces juftificatives,

Estime, abftraction faite de la gaieté du ftyle du Mémoire, que les moyens du fieur Fourfon font très-folides & tirés entiérement de fa caufe, même que *la réponfe faite au commandement du 27 du préfent mois*, en autorifant les faits détaillés dans le Mémoire, *donne* encore *plus de force* aux moyens que le fieur Fourfon en fait réfulter en fa faveur.

Délibéré à Paris, le 29 Janvier 1777.

MALLET, Avocat.

L E Conseil souffigné qui a pris lecture du Mémoire, des Pieces juftificatives, & de la Confultation délibérée aujourd'hui à Paris par Me Mallet, le tout étant ci-deffus & des autres parts,

Eft d'avis des réfolutions contenues en la Confultation délibérée par Me Mallet.

Délibéré à Paris, le 29 Janvier 1777.

DE LA VILLE.

De l'Imprimerie de P. Fr. Gueffier, rue de la Harpe.

www.ingramcontent.com/pod-product-compliance
Lightning Source LLC
LaVergne TN
LVHW020630180726
843502LV00006B/1952

* 9 7 8 2 3 2 9 6 3 4 9 4 4 *